AF240203

RÉPUBLIQUE FRANÇAISE

MINISTÈRE DE LA GUERRE

CAHIER DES CHARGES COMMUNES

DU 5 OCTOBRE 1924

POUR FOURNITURES DES

CHARBONS ET AGGLOMÉRÉS

POUR GÉNÉRATEURS A VAPEUR

A FAIRE AUX ÉTABLISSEMENTS

Mis à jour avec feuille rectificative n° 1 du 28 avril 1926

CHARLES-LAVAUZELLE & CIE

Editeurs militaires

PARIS, Boulevard Saint-Germain, 124

LIMOGES, 62, Avenue Baudin | 53, Rue Stanislas, NANCY

1928

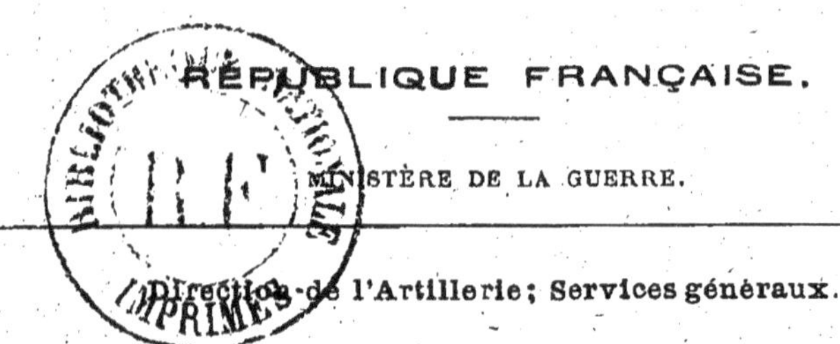

RÉPUBLIQUE FRANÇAISE.

MINISTÈRE DE LA GUERRE.

Direction de l'Artillerie ; Services généraux.

Cahier des charges communes pour fournitures des charbons et agglomérés pour générateurs à vapeur à faire aux établissements.

Document abrogé : *Cahier des charges communes du 5 février 1908.*

Document applicable *aux troupes métropolitaines exclusivement.*

Paris, le 5 octobre 1924.

Article 1er.

Nature de l'adjudication. — Dépôt des soumissions. — Conditions d'admission des soumissionnaires.

Les adjudications de combustibles pour générateurs à vapeur sont des adjudications sur concours d'échantillons et de prix.

Les combustibles fournis seront en provenance :

1° Des charbonnages situés en France (1);

2° De l'Office des houillères sinistrées (charbon fourni au titre des réparations);

3° Des mines domaniales de la Sarre.

Les agglomérés fabriqués en France avec des menus étrangers sont admis en livraison.

Au cours des livraisons, les fournisseurs justifient de la provenance des combustibles par certificats d'origine délivrés par la société houillère ou le fabricant d'agglomérés.

Article 2.

Qualité des charbons.

Les charbons doivent être de fraîche extraction, de bonne

---

(1) Exception pourra être admise pour certains établissements placés de telle sorte que les charbons français ne peuvent y parvenir qu'avec un écart de 10 p. 100 en plus des charbons étrangers. Dans ce cas, les cahiers des charges spéciales contiendront une stipulation spéciale à ce sujet.

qualité et répondre aux conditions énoncées plus loin. Ils doivent brûler sans engorger les grilles des fourneaux et sans attaquer soit ces grilles, soit les tôles des générateurs. Le minimum de gailletterie qu'ils doivent contenir est fixé, s'il y a lieu, par le cahier des charges spéciales. La gailletterie ou grelassons est le charbon ne passant pas à travers un crible formé d'un seul rang de barreaux ronds espacés entre eux de 20^{mm} avec inclinaison à 45°; le menu est le charbon passant à travers le même crible.

Lorsque le charbon présenté sera à texture lamelleuse, l'essai de gailletterie, au lieu d'être fait à l'aide de ce crible, le sera à l'aide d'une table à secousse à trous ronds de 40^{mm} de diamètre. On considérera comme formant la gailletterie (ou grelassons) le charbon ne passant pas à travers cette table.

Article 3.

Les agglomérés doivent être en briques parallélipipédiques d'échantillon uniforme de 2^k,5 à 10 kilogr., dures, sonores, homogènes, peu hygrométriques, à peu près dépourvues d'odeur.

Leur cohésion est constatée d'après les procédés ci-après : on emploie un appareil consistant en un cylindre creux en tôle de 90^{cm} de diamètre et de 1 mètre de longueur, sur la circonférence duquel sont disposées intérieurement trois palettes longitudinales de 20^{cm} de largeur, normales au cylindre et ayant la même longueur que lui. On commence par introduire dans cet appareil un poids de 50 kilogr. de charbon, composé de cent morceaux de briquettes de 0^k,500 environ, pris au hasard et on le fait ensuite tourner pendant deux minutes à raison de 25 tours par minute, après quoi on en verse le contenu sur un crible percé de trous carrés de 0^m,03 de côté.

On recueille les morceaux restés sur la grille.

Par convention, le degré de cohésion est le rapport du poids des morceaux restés sur la grille au poids total essayé. Ce degré est considéré comme étant celui de la livraison. Le minimum de degré de cohésion est fixé à 0,50. Toutefois, ce minimum pourra être augmenté pour les approvisionnements destinés à séjourner en magasin ; les conditions à remplir seront alors mentionnées au cahier des charges spéciales.

Article 4.

Conditions techniques.

a) *Humidité*. — L'humidité ne doit pas dépasser 3 p. 100.

Au delà de cette teneur, l'humidité est défalquée du poids à payer.

b) *Cendres*. — Les cahiers des charges spéciales fixent dans chaque cas particulier la teneur maximum en cendres, suivant les dispositions des foyers à alimenter.

c) *Matières volatiles*. — Les cahiers des charges spéciales fixent dans chaque cas particulier les teneurs minimum et maximum en matières volatiles, suivant les dispositions des foyers à alimenter (1).

d) *Pierres*. — Le combustible doit être épierré.

Il est cependant toléré une quantité maximum de 3 p. 100 de pierres.

Article 5.

Prix offerts.

La soumission donne le prix offert par tonne de chaque sorte ou lot de combustible mis en adjudication, le combustible offert ayant été défini comme il est dit aux articles suivants.

Article 6.

Définition du charbon.

Dans un délai fixé par les affiches et les avis au public, tout concurrent doit avoir fourni au directeur de l'établissement une note dûment signée et certifiée par lui, faisant connaître pour les charbons ou agglomérés pour lesquels il veut soumissionner et par lot mis en adjudication :

1° La provenance en donnant le nom de la mine, des puits et fosses, et éventuellement, pour les agglomérés, l'usine de fabrication ;

Et à titre de renseignement :

2° La teneur en cendres ;

3° La teneur en matières volatiles du charbon supposé sec, c'est-à-dire déduction faite de l'humidité;

4° La composition, c'est-à-dire la proportion de menus et de gailletterie (ou de grelassons).

---

(1) Pour les charbons, on s'efforcera de fixer ces limites aussi basses que possible, de manière à n'utiliser de préférence que des produits non susceptibles d'être distillés. Il est recommandé de tenir le minimum au-dessous de 15 p. 100.

Pour les agglomérés, il peut être fixé aux environs de ce dernier taux.

Article 7.

Envoi des échantillons.

Le soumissionnaire doit également avoir fait parvenir dans les délais indiqués aux articles 10, 10 *bis* et 10 *ter*, pour chacune des espèces de combustible qu'il se propose de fournir, un échantillon dont l'importance est fixée par les cahiers des charges spéciales à chaque fourniture.

Article 8.

Prélèvement des échantillons.

Pour la prise d'échantillons d'une fourniture de charbon, trois cas peuvent se présenter :

1° Le charbon est en cours de livraison ;

2° Il est déjà en tas dans la cour de l'établissement ;

3° Il est en cours d'emploi.

a) *Le charbon est en cours de livraison.* — Dans ce cas il est facile de prélever sur chaque tombereau au moment du débarquement, une pelletée composée d'une proportion de morceaux, de tout venant et de poussier, analogue à celle qui doit être fournie.

L'ensemble de ces pelletées, mises à part dans une caisse, représentera ainsi assez exactement, si l'opérateur a été consciencieux, la moyenne de la fourniture.

b) *Le charbon est déjà en tas dans la cour de l'établissement.* — Alors, le prélèvement de l'échantillon n'est pas susceptible d'être fait avec toute la rigueur désirable, à moins de manutentionner et de déplacer tout le tas, ce qui est à peu près impraticable.

On peut faire dans le tas des tranchées complètes en long et en travers, de telle façon que le tas se trouve divisé en 4, 6, 8 parties égales. En faisant la tranchée, on prélèverait sur toute la hauteur une tranche de largeur uniforme, en rejetant sur les côtés le surplus, au fur et à mesure de l'approfondissement de la tranchée. On peut aussi prélever des pelletées à des distances égales les unes des autres, sur toutes les faces accessibles. Mais il est évident que le charbon qui forme l'intérieur du tas échappe ainsi à tout prélèvement.

c) *Le charbon est en cours d'emploi.* — Dans ce cas, on peut, à des intervalles de temps égaux, tous les huit jours par exemple, prélever sur le flanc d'abatage un échantillon moyen et avoir ainsi, de huit en huit jours, la composition moyenne du tas. On peut aussi à l'arrivée aux générateurs de tous les dix ou vingt wagonnets ou brouettées, mais toujours au bout d'un même nombre de wagonnets ou brouettées, prélever une pelletée moyenne.

Evidemment, c'est le prélèvement au cours de livraison, ou en cours d'emploi du charbon, qui présente le plus de chance d'exactitude.

Préparation de l'échantillon moyen. — Sur les tas de menu et de gailletterie formés à la suite de l'exécution de l'essai de gailletterie, prélever 100 kilogr. dans les proportions de l'échantillon (ou 100 kilogr. de briquettes).

Les établissements pourvus d'un broyeur à boulets, à meules, etc., ou d'un appareil analogue feront passer les 100 kilogr. au broyeur de manière à les transformer en une poudre homogène.

Les établissements qui ne possèdent pas de broyeur procèdent de la façon suivante :

Concasser le tout en morceaux de $0^m,01$ au maximum, étaler uniformément l'ensemble sur une aire en planches rabotées et jointives, ou sur une aire en ciment, en une couche de $0^m,10$ d'épaisseur et en forme de carré.

Dans ce carré, isoler successivement deux bandes de $0^m,10$ de largeur suivant les deux diagonales, au moyen de deux règles minces insérées verticalement dans la couche, et prélever les deux bandes ainsi isolées.

Avec le charbon provenant de ces deux bandes, former un nouveau carré de $0^m,50$ de côté et prélever dans ce carré, comme ci-dessus, deux bandes diagonales de $0^m,10$ de largeur.

Pulvériser finement le charbon ainsi préparé.

Quel que soit le moyen employé pour obtenir la poudre, on en remplit quatre flacons de verre à large goulot contenant chacun environ 500 grammes, bouchés à l'émeri ; numéroter et cacheter ces quatre récipients.

Le premier flacon servira à l'exécution des essais de laboratoire.

Le deuxième sera tenu à la disposition du soumissionnaire.

Les deux autres seront conservés par l'établissement pour servir en cas de contestation.

Article 9.

Essais de laboratoire.

Le mode opératoire détaillé de ces essais est indiqué en annexe. Le procès-verbal d'essai sera libellé de la façon suivante :

Eau   p. 100. . . ..

Echantillon sec.

Cendres   p. 100. . . ..
Matières volatiles   p. 100. . . ..
Charbon   p. 100 (par différence). ....

Article 10 (1).

Concours de vaporisation.

L'adjudication est faite à la suite d'un concours préparatoire ayant pour but de constater par des essais la qualité et la puissance évaporatoire du combustible soumissionné.

1° La date de l'ouverture du concours préparatoire est fixée par l'avis au public.

2° Les concurrents doivent se faire inscrire à l'établissement avant l'ouverture de ce concours et y donner, en justifiant de leur qualité, la définition de leur échantillon, comme il a été dit à l'article 6.

Il leur est délivré un numéro d'ordre avec indication du jour où doivent être arrivés à l'établissement le ou les échantillons prévus par l'article 7.

Tous les charbons ou agglomérés destinés aux essais doivent être expédiés directement de la mine ou de l'établissement producteur.

Les soumissionnaires peuvent présenter une seule espèce de charbon pour plusieurs lots, quand même ces lots seraient destinés à des chaudières de types différents, pourvu que ce charbon soit susceptible d'un bon emploi pour ces diverses chaudières.

3° Le charbon admis à l'essai est reçu en présence du pro-

---

(1) Les établissements spécifient au cahier des charges spéciales à la fourniture celui des trois articles 10, 10 *bis* ou 10 *ter* qu'ils appliqueront pour la comparaison des offres de fourniture.

priétaire ou de son représentant; toutes les manipulations nécessaires aux essais sont faites par les soins de l'établissement.

4° Le charbon est soumis à des épreuves de laboratoire, de façon à en déterminer la teneur en eau, la teneur en cendres, la teneur en matières volatiles. On détermine aussi sa composition. On obtient ainsi la véritable définition de l'échantillon soumis.

5° Les charbons qui sont reconnus préjudiciables à la conservation des chaudières, qui exhalent une odeur trop sulfuréuse, qui ne peuvent pas brûler sur les grilles d'une manière satisfaisante et de façon à pourvoir aux variations de production de vapeur qu'exige le service de l'établissement ou enfin qui présentent dans leur combustion quelque autre inconvénient grave, ainsi qu'il a été dit à l'article 2, sont rejetés du concours. Les motifs du rejet sont consignés dans un procès-verbal dressé par les officiers ou ingénieurs de l'établissement.

6° L'essai a lieu dans une chaudière de l'établissement, en présence de la commission d'adjudication ou de son délégué et du soumissionnaire, ou de son représentant dûment accrédité. Le soumissionnaire est avisé du jour et de l'heure auxquels son échantillon sera soumis à l'essai; faute par lui de s'y présenter, il est passé outre.

Toutes les circonstances de l'essai et les résultats qu'il aura donnés sont constatés par un procès-verbal dressé à cet effet par les susnommés.

Il est procédé à l'essai de vaporisation comme il suit :

a) Dans chaque établissement, le service local choisit, pour l'exécution de l'essai, une chaudière fonctionnant dans des conditions satisfaisantes et aussi voisines que possible de la moyenne des conditions réalisées avec les autres générateurs de l'établissement. Cette chaudière est explicitement désignée avec ses caractéristiques et son emplacement dans le cahier des charges spéciales.

Son tube indicateur de niveau est muni d'une règle dont la graduation correspond à des volumes d'eau exactement mesurés. Pour que les essais soient comparables, les chaudières voisines, s'il en existe, restent dans le même état pendant toute leur durée, et on maintient autant que possible dans la salle une température constante.

b) Sur l'échantillon présenté pour le concours préparatoire, on pèse la quantité de combustible nécessaire pour servir à l'alimentation du foyer pendant environ cinq heures et une certaine quantité (le dixième environ de la précédente) destinée à la mise en feu, cette seconde quantité étant choisie en gaillettes, quand le charbon présenté en contient.

Sur le reste on prélève un échantillon qui, après l'adjudication, est enfermé dans une caisse cachetée en vue de servir de type pour les réceptions de l'établissement.

Le cahier des charges spéciales indique le poids des divers prélèvements ci-dessous.

c) Avant l'essai, la chaudière qui doit être employée est chauffée, et ses différentes issues sont fermées de telle sorte que, au moment de l'essai, la pression dans cette chaudière soit encore au moins d'une atmosphère un dixième.

Si la pression dépasse une atmosphère un dixième, on laisse décharger la vapeur pendant un temps suffisant pour revenir à cette pression avant de commencer l'essai; on admet alors que la température initiale de la chaudière est de 102 degrés.

d) Après cette première opération, le niveau de l'eau dans la chaudière est ramené dans les limites de la graduation de la règle; on s'arrange pour que le niveau de l'eau trouvé au commencement de l'essai soit au-dessus de la limite inférieure de la graduation. On allume ensuite la grille avec une quantité de bois sec équivalent à la quantité de houille choisie pour la mise en feu et on l'alimente avec celle-ci.

e) Dès que la pression a atteint dans la chaudière la pression normale de fonctionnement de cette chaudière, on ouvre la vanne de cette chaudière, de façon à diriger la vapeur dans le collecteur (ou en cas d'impossibilité, on échappe la vapeur dans l'atmosphère).

A partir du moment où la vapeur est échappée, on constate la pression au moyen d'un manomètre enregistreur (ou à défaut, on constate de quart d'heure en quart d'heure la pression marquée par le manomètre).

On constate également au moyen d'un thermomètre centigrade la température de l'eau servant à l'alimentation de la chaudière.

f) Le feu est conduit et le tirage réglé pendant toute la durée du chauffage de façon à faire fonctionner la chaudière autant que possible dans les conditions de la marche courante.

g) Pendant toute la durée de l'échappement, on introduit dans la chaudière par la pompe alimentaire une quantité d'eau exactement pesée ou mesurée comme l'indique le cahier des charges spéciales, tout en conservant, autant que possible, un niveau constant. On fait de sorte qu'à la fin de l'essai le niveau de la chaudière soit à peu près le même qu'au commencement et en tout cas dans les limites de la graduation de la règle.

h) Après la dernière charge, dès que la vapeur est tombée dans la chaudière à une pression trop faible pour être envoyée dans le collecteur de vapeur, on ferme l'échappement et on ouvre les portes du foyer et de la chaudière.

i) L'opération étant laissée dans l'état indiqué au paragraphe précédent, on se réunit pour constater le niveau de la chaudière après un laps de temps fixé par le cahier des charges spéciales.

j) Cela fait, pour déterminer la quantité de kilogrammes d'eau supposée à la température de 0 degré qui pourrait être vaporisée par le charbon en essai, on se base d'une part sur ce que le kilogramme supposé à la température de 0 degré exige un nombre d'unités de chaleur égal à $606,5 + 0,305$ T (T étant la température de la vapeur au moment de l'échappement); d'autre part, sur les observations prescrites dans les paragraphes précédents ayant pour objet de constater, savoir : la contenance de la chaudière au commencement et à la fin de l'essai, la température de l'eau introduite et la pression de l'intérieur de la chaudière.

On fait la moyenne des pressions absolues constatées pendant la durée de l'échappement et on admet que la température T de la vapeur au moment de son échappement est celle qui correspond à cette pression moyenne; on calcule ainsi le nombre des calories absorbées par la vapeur d'eau échappée; on y ajoute le nombre d'unités de chaleur contenues dans l'eau de la chaudière à la fin de l'essai, lequel s'obtient en multipliant le poids d'eau restant dans cette chaudière par la température correspondant à la pression observée au moment de la fermeture de l'échappement.

De cette somme on retranche les unités de chaleur contenues dans l'eau de la chaudière au commencement de l'essai et les unités de chaleur contenues dans toute l'eau qui a servi à l'alimentation.

Le résultat de cette soustraction est la quantité d'unités de chaleur développée par la combustion du charbon. Si l'on divise ensuite ce résultat par 640, le quotient est la quantité de kilogrammes d'eau à 0 degré qui pourrait être transformée en vapeur par le charbon expérimenté.

Le nombre ainsi obtenu représente en kilogrammes le poids de l'eau à 0 degré qui pourrait être réduite en vapeur par la quantité de charbon consumée (y compris celle employée à la mise en feu) et constitue le résultat de l'essai.

D'après ce résultat, on calcule le poids du charbon nécessaire pour réduire en vapeur 1 kilogramme d'eau à 0 degré. Par le fait même que les soumissionnaires se sont présentés à l'adjudication, ils sont censés s'être rendu compte des procédés adoptés et accepter les essais tels qu'ils viennent d'être décrits. L'adjudicataire ne peut donc, par suite, faire aucune réclamation qu'il baserait sur son ignorance des conséquences de ce mode d'essai, et il n'est fondé à réclamer aucune tolérance pour cause de l'état hygrométrique ou barométrique de l'atmosphère, causes qu'il n'est pas possible d'introduire dans le calcul et qui, d'ailleurs, sont peu influentes. En un mot, le mode d'essai décrit ci-dessus est admis invariablement comme servant de base à l'adjudication des charbons.

Le cahier des charges spéciales fixe la quantité minima de vapeur qui doit être donnée dans l'essai par kilogramme de charbon. Tout combustible qui n'a pas donné cette quantité est rejetée du concours.

7° La détermination des offres des soumissionnaires pour l'application de l'article 40 de l'instruction du 21 novembre 1921, relative aux marchés du Département de la guerre, s'obtient en calculant la valeur au prix de la soumission du charbon nécessaire pour réduire en vapeur 1.000 kilogrammes d'eau à 0 degré.

Article 10 *bis* (1).

Concours de vaporisation.

L'adjudication est faite à la suite d'un concours préparatoire ayant pour but de constater, par des essais, la qualité et la puissance évaporatoire du combustible soumissionné. On admet que le meilleur combustible est celui qui permet de produire la tonne de vapeur au prix de revient le plus faible. Par suite, le classement des échantillons s'opère d'après le prix de revient de 1.000 kilogr. d'eau vaporisée par chacun d'eux, c'est ce prix qui est comparé aux prix-limites.

---

(1) Les établissements spécifient au cahier des charges spéciales à la fourniture celui des trois articles 10, 10 *bis* ou 10 *ter* qu'ils appliqueront pour la comparaison des offres de fourniture.

La date de l'ouverture du concours préparatoire est fixée par l'avis au public.

Les concurrents doivent, avant cette date, se faire inscrire à l'établissement et y faire parvenir leur échantillon.

Il leur est délivré un accusé de réception de leur échantillon et ils sont avisés du jour et de l'heure de l'essai auquel ils peuvent assister ou se faire représenter.

Les soumissionnaires peuvent présenter une seule espèce de charbon pour plusieurs lots, quand même ces lots seraient destinés à des chaudières de types différents, pourvu que ce charbon soit susceptible d'un bon emploi dans ces diverses chaudières.

Ne seront pas admis à l'adjudication les combustibles qui sont reconnus préjudiciables à la conservation des chaudières, qui exhalent une odeur trop sulfureuse, qui ne peuvent pas brûler sur les grilles d'une manière satisfaisante et de façon à pourvoir aux variations de production de vapeur qu'exige le service de l'établissement, qui présentent dans leur combustion quelque autre inconvénient grave, ainsi qu'il a été dit à l'article 2, qui n'ont pas la puissance de vaporisation indiquée par le cahier des charges spéciales, ou la proportion de gailletterie indiquée par ce document, s'il en fixe une, ou enfin le degré de cohésion fixé à l'article 3 ci-dessus et éventuellement dans le cahier des charges spéciales.

Dès l'arrivée de l'échantillon, il est procédé à l'essai de gailletterie ou de cohésion, et aux essais de laboratoire.

L'essai de vaporisation a lieu dans une chaudière ou une batterie de chaudières de l'établissement, d'emploi courant, produisant journellement une quantité de vapeur à peu près constante, en présence de la commission d'adjudication ou de son délégué et du soumissionnaire, ou de son représentant dûment accrédité, ou en son absence, s'il n'est pas représenté. Le soumissionnaire ne peut s'immiscer aucunement dans les opérations qui restent entièrement sous la direction de la commission.

Des dispositions sont prises pour mesurer d'une façon précise, à l'aide d'un compteur ou par tout autre procédé, la quantité d'eau introduite pendant toute la durée de l'essai. Cette eau doit avoir sensiblement la même température pendant la durée de tous les essais. On se conforme en outre aux dispositions suivantes :

Allumer le feu pour chaque essai avec une même quantité de bois et de copeaux ou de chiffons ;

Relever le nombre de litres marqué par le compteur ;

Repérer le niveau de l'eau dans le tube à niveau ;

Mettre la chaudière en communication avec le moteur qui l'utilise et, pendant toute la journée, maintenir la pression constante dans la chaudière. Eviter toute perte d'eau de la chaudière pour quelque motif que ce soit.

Un instant avant l'arrêt du moteur, et sans laisser tomber la pression, continuer à alimenter de manière à amener le niveau légèrement au-dessus du repère tracé au commencement de l'opération.

Aussitôt après la fermeture de la valve de vapeur, relever le nombre de litres marqué par le compteur.

Faire la différence des deux nombres indiqués par le compteur pour obtenir la quantité d'eau qui a été consommée.

Pendant toute la durée de l'essai, tenir compte du poids de combustible consommé, y compris celui nécessaire pour l'allumage.

Déduire du volume d'eau et du poids de combustible le poids K de combustible consommé pour produire 1.000 kilogr. de vapeur ; noter le poids R des résidus produits par le poids K de combustible (ces poids sont exprimés en tonnes).

La détermination des offres des soumissionnaires pour l'application de l'article 40 de l'instruction du 6 juillet 1909, relative aux marchés du Département de la guerre, s'obtient en calculant la valeur au prix de la soumission du combustible nécessaire pour réduire en vapeur 1.000 kilogrammes d'eau. Ce prix P est donné par la formule suivante :

$$P = Kp + fR,$$

p étant le prix demandé par le soumissionnaire pour la tonne de combustible (p n'est connu qu'au moment de l'adjudication).

f étant le prix d'enlèvement et d'évacuation de la tonne de résidus (variable suivant les conditions locales).

Toutes les circonstances de l'essai et les résultats qu'il aura donnés sont constatés par un procès-verbal dressé à cet effet par la commission.

Article 10 ter. (1).

Pouvoir calorifique supérieur.

L'adjudication est faite à la suite d'un concours préparatoire

---

(1) Les établissements spécifient au cahier des charges spéciales à la fourniture celui des trois articles 10, 10 *bis* ou 10 *ter* qu'ils appliqueront pour la comparaison des offres de fourniture.

ayant pour but de constater le pouvoir calorifique supérieur du combustible soumissionné. On admet que le meilleur combustible est celui pour lequel le prix de revient de la calorie utilisable est le plus faible. Par suite, le classement des échantillons s'opère d'après le prix de revient des 1.000 calories; c'est ce prix qui est comparé aux prix-limites.

Le pouvoir calorifique supérieur P pourra être établi par la formule de *Goutal*.

$$P = 82\,C + a\,V.$$

En nommant :

V, le p. 100 de matières volatiles,

C, le p. 100 de charbon,

a, coefficient numérique donné par le tableau suivant :

V'	5	10	15	20	25	30	35	40
a	145	130	117	109	103	98	94	80

avec :

$$V' = \frac{100\,V}{V+C}$$

Les concurrents doivent, avant la date fixée par l'avis au public, se faire inscrire à l'établissement et y faire parvenir leurs échantillons.

Ne seront pas admis à l'adjudication les combustibles qui sont reconnus préjudiciables à la conservation des chaudières, qui exhalent une odeur trop sulfureuse, qui ne peuvent pas brûler sur les grilles d'une manière satisfaisante et de façon à pourvoir aux variations de production de vapeur qu'exige le service de l'établissement, qui présentent dans leur combustion quelque autre inconvénient grave, ainsi qu'il a été dit à l'article 2, qui n'ont pas la puissance de vaporisation indiquée par le cahier des charges spéciales, ou la proportion de gailletterie indiquée par ce document, s'il en fixe une, ou enfin le degré de cohésion fixé à l'article 3 ci-dessus et éventuellement dans le cahier des charges spéciales.

Dès l'arrivée de chaque échantillon, il est procédé à l'essai de gailletterie ou de cohésion et aux essais de laboratoire.

Pour les échantillons soumis au concours, la détermination des offres des soumissionnaires pour l'application de l'article 40 de l'instruction du 21 novembre 1921, relative aux marchés du Département de la guerre, s'obtient en calculant la valeur du prix de la soumission des 1.000 calories disponibles dans le combustible, d'après son pouvoir calorifique supérieur, chaque p. 100

de cendres au-dessus de 12 correspondant à une majoration sup-
plémentaire, du prix des 1.000 calories, de 1 p. 100 du prix indiqué par la bombe ou par la formule de Goutal.

Article 11.

Payement des charbons essayés.

Le règlement des échantillons à payer est fait au prix de l'adjudication diminué de 10 p. 100. Toutefois, les échantillons qui
n'ont pas été admis au concours ne sont pas payés.

Le reliquat des échantillons de charbon non admis au concours
devra être enlevé par les soumissionnaires dans les trente jours
qui suivent la date de l'adjudication; dans le cas où, à l'expiration
de ces délais, les soumissionnaires ne se seraient pas exécutés, ce
reliquat sera considéré comme abandonné, en toute propriété, à
l'administration.

Article 12.

Surveillance en cours de marché. — Expertise.

Les charbons livrés et rendus dans l'établissement doivent
être conformes aux échantillons présentés pour le concours. A
cet effet, la portion des échantillons restant après ce concours
servira de type pour être comparée, s'il est nécessaire, avec les
fournitures.

L'établissement, pendant toute la durée du marché, procède
sur les livraisons aux prises d'essais et épreuves nécessaires
pour reconnaître la conformité.

L'établissement fera d'ailleurs procéder à toutes prises d'essais et vérifications par un délégué accrédité, soit à la mine,
soit à l'usine de fabrication pour s'assurer de la provenance et
reconnaître la conformité.

Pour toute expédition atteignant ou dépassant 240 tonnes (1),
il sera procédé, sur la demande des fournisseurs, à une réception provisoire au lieu d'extraction ou de production dans les
conditions qui viennent d'être dites. Cette réception sera défini-
tive au point de vue de l'admission en recette, sauf dans le cas
où il serait constaté que la fourniture reçue à l'établissement
destinataire n'est pas conforme à celle présentée au départ.
D'autre part, ce sont les essais faits à l'arrivée dans la cour de

---

(1) Le tonnage de 240 tonnes est celui qui correspond aux conditions
les plus avantageuses pour les transports par voie ferrée.

l'établissement qui, seuls, serviront au calcul des réfactions. Le fournisseur sera tenu de mettre à la disposition de l'officier, ingénieur ou agent réceptionnaire, tous appareils et ustensiles nécessaires aux essais de réception provisoire. Les expéditions seront faites aussitôt après, en présence du représentant de l'administration de la guerre.

Les épreuves de laboratoire pour reconnaître la conformité des charbons à l'arrivée et établir éventuellement les réfactions dont traite l'article suivant, ont lieu dans le laboratoire de l'établissement, ou à défaut, dans celui de la section technique de l'artillerie.

Elles sont exécutées par les procédés indiqués dans la note annexée au présent cahier des charges.

Les cahiers des charges spéciales indiquent comment sont formés les échantillons moyens sur lesquels on prélève 500 grammes destinés à l'exécution de ces épreuves.

Si le soumissionnaire ou son représentant n'est pas présent à la prise d'essai, il est tenu à sa disposition un prélèvement semblable de 500 grammes dans un récipient cacheté.

Deux autres prélèvements semblables sont tenus en réserve, comme témoins, en cas de contestation.

En cas de désaccord entre le fournisseur et l'établissement sur la teneur en cendres et la teneur en matières volatiles, il est procédé, sur la demande du fournisseur, à une expertise par les soins de l'administration. Le règlement de la fourniture est alors fait d'après les résultats fournis par cette expertise.

Article 13.

· Tolérances et réfactions.

La provenance indiquée (puits ou fosses) ne peut être changée qu'en cas de force majeure, avec l'assentiment de l'établissement et à la condition que le charbon fourni en remplacement soit, à tous autres égards, semblable à celui stipulé.

On ne paye pas l'humidité contenue dans les charbons et agglomérés au delà de 3 p. 100.

Si la proportion de gailletterie est inférieure à celle indiquée comme minimum au cahier des charges spéciales, ou si celui-ci n'indiquant pas de minimum, cette proportion est inférieure de 20 p. 100 à celle de l'échantillon présenté pour le concours, il est fait dans le prix payé une réduction proportionnelle en partant du prix d'adjudication et en admettant que la valeur de la gailletterie est une fois et demie celle du menu.

Les essais servant à la fixation du prix à payer sont faits en principe sur chaque livraison ; ils comportent un essai de gailletterie qui est fait sur 500 kilogr. de combustible au minimum et un essai de laboratoire exécuté dans les conditions déterminées par l'article 8. Si la livraison dépasse 100 tonnes, il est fait autant d'essais de gailletterie et d'essais de laboratoire que la livraison renferme de fois 100 tonnes.

Le prix à payer est calculé mensuellement d'après la moyenne des résultats des essais ainsi faits.

Toutefois, pour les fournitures peu importantes, les cahiers des charges spéciales pourront spécifier les dérogations à ce mode de fixation du prix à payer ; au besoin cette fixation ne sera faite que trimestriellement.

Soit P le prix de la tonne stipulé pour une composition de N p. 100 en gailletterie : les prix respectifs de la tonne de menu et de gailletterie sont donc supposés de :

$$P \times \frac{100}{100 + 0,5\,N} \text{ pour le menu,}$$

$$1,5\,P \times \frac{100}{100 + 0,5\,N} \text{ pour la gailletterie.}$$

Pour un charbon de composition N' $<$ N, le prix à allouer n'est plus que :

$$P' = \frac{N'}{100} \times \left(1,5\,P \times \frac{100}{100 + 0,5\,N}\right) + \frac{100 - N'}{100} \times \left(P \times \frac{100}{100 + 0,5\,N}\right)$$

$$\text{ou } P' = P \times \frac{100 + 0,5\,N'}{100 + 0,5\,N}.$$

Les charbons sont refusés quand la proportion de gailletterie est inférieure ou supérieure aux proportions limites fixées au cahier des charges spéciales.

Pour les teneurs en cendres, on fait les réfactions suivantes :

Quand la teneur en cendres de l'échantillon présenté pour le concours a été reconnue égale à un chiffre t, la retenue est égale à 1 p. 100 du prix du charbon par unité de teneur comprise entre t et $t + 2$ inclusivement, et à 2 p. 100 par unité de teneur au-dessus de $t + 2$.

Toutefois, elle est également de 2 p. 100 par unité de teneur si celle-ci, tout en étant comprise entre t et $t + 2$ est supérieure à 12 p. 100 : par exemple, si $t = 10,5$ et que la fourniture accuse 12,5 de cendres, la retenue est de 3 p. 100 dont 1 p. 100

pour la première unité de teneur en excès et 2 p. 100 pour la seconde. Si $t = 11,5$ et si la fourniture accuse 13,5 la retenue est de 4 p. 100.

On néglige dans le calcul de ces réfactions, les fractions inférieures à 1 p. 100 : c'est-à-dire que si la fourniture accuse une teneur de $t + 2,6$, la réfaction est calculée comme si la teneur de l'échantillon présenté au concours était non pas t, mais $t + 0,6$.

Les charbons ou agglomérés sont refusés quand la teneur en cendres dépasse la teneur maximum fixée au cahier des charges spéciales.

Pour les teneurs en pierres, on fait les réfactions suivantes pour chaque centième de pierres constaté en plus de 3 p. 100, il est imposé une réfaction de 1,25 par 100 francs du prix de la fourniture.

Les charbons sont refusés quand la proportion de pierres est supérieure à la teneur maximum fixée au cahier des charges spéciales.

Article 14.

Refus.

Sont définitivement rejetées sans attendre les résultats des moyennes mensuelles, les livraisons qui dépassent les tolérances-limites indiquées à l'article précédent, comme aussi les livraisons ne satisfaisant pas aux conditions de provenance.

Les résultats des essais des livraisons ainsi rejetées n'entrent pas en ligne de compte dans le calcul des moyennes servant de base à la fixation du prix à payer dans les conditions prévues à l'article précédent.

ANNEXE.

MODE OPÉRATOIRE (1) POUR LES ESSAIS DES COMBUSTIBLES.

Humidité.

Opérer sur une prise d'essai de 5 grammes que l'on répartit en couche uniforme aussi mince que possible, dans une capsule ou une nacelle à fond plat préalablement tarée. Après deux heures de séjour à l'étuve à 105°, faire refroidir dans un exsicateur. Peser rapidement.

Remettre une heure à l'étuve, peser à nouveau en profitant du renseignement fourni par les premières pesées pour opérer rapidement; si exceptionnellement la différence entre ces deux pesées était supérieure à 2 milligrammes, il conviendrait de repasser encore à l'étuve autant qu'il serait nécessaire pour y arriver.

Cendres.

Opérer sur une prise d'essai de 5 grammes que l'on répartit dans une capsule basse à fond plat préalablement calcinée et tarée. Chauffer progressivement jusqu'à inflammation du charbon; laisser brûler jusqu'à cessation de toute flamme éclairante; enfoncer dans le moufle et calciner vers 700° pendant deux heures environ. Remuer les cendres avec une tige métallique pour vérifier la disparition de tout point noir; refroidir à l'exsicateur et peser.

Mouiller avec un peu d'alcool pour vérifier l'absence de tout point noir; calciner à nouveau à 700° pendant une heure; refroidir à l'exsicateur et peser à nouveau.

Matières volatiles.

Opérer sur une prise d'essai de 5 grammes que l'on pèse dans un creuset en porcelaine ou en silice, fermé par un couvercle de même nature et taré avec ce couvercle.

---

(1) Les méthodes indiquées ici sont celles qui ont été recommandées au Congrès du chauffage industriel de juin 1923.

Introduire le creuset ainsi préparé :

Soit dans un creuset plus grand, de même nature, avec interposition de charbon de bois tassé;

Soit directement dans un four à gaz ou électrique (1), à atmosphère non oxydante.

Dans l'un ou l'autre cas, *chauffer* à 1050° au moins, jusqu'à cessation de tout dégagement de gaz combustible. Retirer le creuset; le refroidir à l'exsicateur et le peser.

Faire deux opérations de cette sorte et prendre la moyenne des résultats obtenus.

Approuvé :

Paris le 5 octobre 1924.

Pour le Ministre de la guerre
et par délégation :

Le Secrétaire général,

Signé : Henry Huard.

---

(1) Un four électrique à enroulement de nichrome R N C — 3 peut donner 1.100 degrés.

N° 447. — CHARLES-LAVAUZELLE ET Cie. — PARIS, LIMOGES, NANCY. — 1928